UN PAPILLON
AU CŒUR

Témoignage

UN PAPILLON AU CŒUR

Témoignage

Soukhayna Caristan

Du même auteur
La lumière du papillon, 2018, Améthyste Editions.
Espoirs d'amour, 2020, Auto-édition.
La direction du vent, 2021, Auto-édition.

Contact
unpapillonau.coeur@gmail.com
https://www.facebook.com/Unpapillonaucoeur

ISBN : 978-2-3222-6664-7

© Soukhayna Caristan — 2017

Le Code de la propriété intellectuelle interdit les copies ou reproductions destinées à une utilisation collective. Toute représentation ou reproduction intégrale ou partielle faite par quelque procédé que ce soit, sans le consentement de l'Auteur ou de ses ayants cause est illicite et constitue une contrefaçon sanctionnée par les articles L335-2 et suivants du Code de la propriété intellectuelle.

À mon frère Kharim (1990-2014)

Tu m'as donné le courage
d'aller au bout de mon projet.
La vie est courte.
Je t'aime.

Mon livre

Seize heures quatorze, le 8 janvier 2017 : j'écris avec mon moi, mon intuition. Par l'écriture et sans erreurs, j'ai tout dans la tête et dans le cœur.

J'ai griffonné sur un bout de papier les premières lignes de ce texte en 2012, quelques jours à peine après mon entrée à l'hôpital de jour où j'ai passé cinq ans de ma vie. Ce qui était thérapeutique au départ s'est transformé en un projet essentiel pour moi : pouvoir témoigner sur mon parcours médical et spirituel.

Lors d'une consultation, j'ai demandé à ma psychiatre, le docteur B., quelles étaient mes facultés de mémoire visuelle, auditive… Selon elle, j'ai une mémoire affective : je retiens les choses importantes sentimentalement, tout ce qui a eu un impact dans ma vie et qui m'a bouleversée. Je suis comme une éponge, j'encaisse tout par le cœur et les sentiments.

La vie est un cadeau, je le sais, mais il m'a été volé ce 28 mai 1999, quand cet accident a détruit ma vie. Il m'a tout volé et il continue à le faire. Aujourd'hui, un peu plus de quinze ans après, j'y pense toujours, je me bats pour oublier et avancer. J'ai la chance d'être en vie, mais à quoi bon cette vie ? Elle me fait peur. J'ai peur. Je n'ai qu'une seule vie, me redonnera-t-elle une nouvelle chance ? Je demande à Dieu de me donner les armes : la vie est un combat et je ne veux plus être une victime. Je me sens brisée et seule avec mon chagrin, condamnée à prendre à vie un traitement qui s'alourdit de rechute en rechute.

Avant l'accident

J'ai vécu mon enfance entre la Guyane où je suis née et la métropole.

Troisième enfant d'une fratrie de huit, j'ai un grand frère de dix ans mon aîné, Franck, et une grande sœur Katoucha qui a quatre enfants adorables. Elle a un véritable don pour le dessin, d'ailleurs je lui ai demandé de me dessiner ma maison ! Viennent ensuite ma sœur et moi. Puis Khadydia, Kharim, Kesso et Kassi la petite dernière, enfants de ma mère et de mon beau-père Bruno. Comme nous avons la même mère, nous ne nous sommes jamais considérés comme des demi-frères ou sœurs.

* * *

Je ne connais pas vraiment l'histoire de ma naissance, deux versions s'affrontent : celle de mon père et celle de ma mère.

Dans la version de mon père, médecin en Guyane, ma mère l'aurait trahi en ne prenant pas le moyen de contraception qu'il lui avait prescrit. Il était infidèle et il ne voulait pas de cette grossesse particulière… Dans le ventre de ma mère, nous étions deux : Sakhayna est ma sœur jumelle. D'après ses dires, ma mère serait allée montrer les échographies à sa femme, qui l'aurait quitté. Mon père nous a toujours accusées d'être responsables de l'échec de son mariage, il nous a rejetées longtemps avec ma sœur. Il y a quelques années, je lui avais demandé de me parler de ma naissance : « Vous n'étiez pas des enfants désirés. Enfin, vous n'étiez pas des enfants attendus » m'avait-il dit. Ça m'avait fait mal.

Ma mère a beau me dire que nous avons toujours eu des relations avec lui, mon premier souvenir de mon père date de mes huit ans. Ce jour-là, il était venu nous voir dans notre maison de Montjoly, en Guyane. Nous étions torse nu, en culotte, en train de jouer autour de la piscine. Je me rappelle avoir été timide face à lui…

La version de ma mère est quelque peu différente : avant ma naissance, elle aurait vécu avec mon père, qui l'aurait trompée. Elle a quitté la Guyane pour emménager à Paris avec ma sœur et moi alors que nous avions à peine un an. C'est là que ma mère, styliste, a rencontré un beau jeune homme, parfois embauché comme mannequin. Bruno, mon beau-père, est donc entré dans ma vie quand j'étais toute petite, de même que ma grande sœur et mon grand frère. D'après ce que j'ai compris, Bruno n'a jamais voulu vivre avec ma mère, mais lorsqu'elle lui a annoncé sa grossesse, ils se sont mariés. Même s'il était jeune, plutôt fêtard et habitué des boites de nuit, il voulait avant tout être père. Trois autres frères et sœurs sont encore venus agrandir la famille, pour atteindre au total huit enfants. Revenus en Guyane, ma mère et Bruno ont tenu plusieurs commerces : une boutique de stylisme, trois restaurants…

Aussi loin que remontent mes souvenirs, je n'ai jamais connu de relations apaisées entre eux. De leur vie maritale, je ne me souviens que des disputes et des « Je n'aurais jamais dû te connaître ». Jamais de « Je t'aime », ni de « Tu me manques » ou d'embrassades… Toute jeune, on discutait beaucoup dans la cuisine, c'était un rituel avec mon beau-père, et il dénigrait souvent ma mère. Je n'ai jamais compris leur relation. C'est peut-être pour ça que mes sœurs ne sont pas très câlines, affectueuses, à dire facilement « Je t'aime ». C'est une attitude pudique en fait. Moi au contraire, je le dis parce que je suis comme ça, j'aime les autres, je veux profiter de ma vie, dire « Je t'aime » à tous ceux que je veux.

Mais même si je n'ai pas de souvenirs d'une famille vraiment très soudée dans laquelle on se disait qu'on s'aimait, j'allais bien.

* * *

Je n'ai que très peu de souvenirs de mon enfance, de « l'avant-accident ». Des images se sont certainement collées à ce qui m'a été raconté.

En Guyane, avec ma sœur Sakhayna, nous avions inventé une sorte de jeu de rôle, « Marina », déclinable à l'infini : « Marina maîtresse », « Marina bébé et maman », « Marina restaurant »… Tout était « Marina », mais on ne savait pas pourquoi ! Nous y jouions beaucoup avec « les petits », surnom affectueux que nous avions donné aux quatre derniers, nés de ma mère et de Bruno. À Macouria en Guyane, la maison se construisait et nous avions des pierres et du sable partout. J'aimais bien y être, c'était la campagne et nous jouions à « Marina marché » : nous récupérions des fleurs, des pierres, du sable, nous installions des stands et « les petits » venaient nous acheter de la salade et toutes sortes de choses… Pour trois francs, nous demandions trois pierres ! Quand je pense à mon frère Kharim, c'est ce souvenir un peu flou qui me vient en tête… Même si, avec ma sœur jumelle, nous étions plus grandes, nous aimions passer du temps avec eux.

L'accident

Par un beau jour de mai, mon beau-père nous a tiré les cartes comme il le faisait régulièrement. Les cartes étaient toutes simples, la prédiction très précise : ma sœur et moi allions être victimes d'un très grave accident sur la voie publique. Nous allions avoir beaucoup d'argent. Du haut de nos douze ans, nous étions si heureuses de cette image d'abondance…

Le lendemain, le drame s'est produit. C'était le 28 mai 1999.

Nous étions à Mérignac, dans la banlieue de Bordeaux. La journée se voulait joyeuse, elle clôturait l'année scolaire. Nous revenions de la kermesse de l'école de mes frères. Nous venions de voir un beau spectacle sur Charlemagne, et nous allions rejoindre notre mère en Guyane pour fêter avec elle la fête des Mères. Nous nous étions faites toutes belles pour l'occasion. J'avais mis ma robe grise, ma préférée.

Nous avions à peine dit au revoir à nos amies d'enfance, Amélie, Audrey, Ludivine et Céline, qu'une moto folle nous a percutées de plein fouet. Malgré son casque, le motard est mort des conséquences de son traumatisme facial.

Je me souviens du feu vert pour les piétons, de la couleur jaune de la moto, du modèle — une Harley Davidson — et de ma sœur me poussant de toutes ses forces sur le trottoir, en vain. Après, trou noir.

L'histoire se raconte ensuite avec ce qui nous a été dit. Les médecins urgentistes du SAMU nous ont prodigué les premiers soins sur place et ont posé leur diagnostic. L'accident était très grave. Ma sœur s'en est sortie avec une fracture du tibia et du péroné. J'avais des séquelles au fémur de la jambe gauche et un traumatisme crânien sévère.

Tout est allé très vite. Pour moi, deux morts cliniques. Je suis passée de l'autre côté deux fois quand mon cœur s'est arrêté de battre. Les médecins ont voulu me débrancher.

Il me reste de ce voyage très court quelques images de l'au-delà. J'ai vu mon corps. Des rideaux blancs. Un long couloir sombre. La lumière au bout du tunnel et de l'autre côté, ma mère qui me retenait. La main de ma mère et ses prières. Elle me disait : « Si tu m'entends, serre ma main. »

* * *

À cette époque-là, ma mère vivait en Guyane et était assistante sociale, elle avait pour mission de trouver des familles d'accueil aux enfants qu'elle gardait. Le jour de l'accident, elle était chez sa sœur. Elle nous racontera plus tard qu'au moment où le choc a eu lieu, un chat noir a bondi sur elle. Je ne suis plus superstitieuse, mais j'avoue que cette synchronicité m'interpelle.

C'est mon beau-père, chez qui nous vivions en France, qui l'a appelée. Dans l'urgence, elle a placé les enfants dans des familles de Kourou et nous a rejointes par avion. Sa place était à nos chevets.

* * *

Je suis restée quinze jours dans un coma profond — en Glasgow 3[1] — et un mois dans une phase de réveil. Quand j'ai repris complètement connaissance, j'étais amnésique. J'avais un bandage blanc sur la tête, des douleurs intenses. La perte de mémoire était totale. Pour mon premier repas après un long séjour dans le noir, j'ai mangé à la paille. J'ai tout recraché, tout était horriblement amer.

Je ne reconnaissais aucun membre de ma famille, sauf ma sœur jumelle. Une relation tout à fait spéciale s'est mise en place entre elle et moi. Elle était ma mémoire. Ma ressource. Je ne cessais de lui demander de me raconter mon passé, je lui posais inlassablement les mêmes questions et inlassablement elle me répétait : « Souviens-toi... » Les souvenirs sont revenus par bribes : la maison

---

[1] L'échelle de Glasgow va de 3 (coma profond) à 15 (personne parfaitement consciente) et s'évalue sur trois critères : l'ouverture des yeux et les réponses verbale et motrice.

hantée de Mantes-la-Jolie, Céline Dion, la voiture bleue qui parlait… Ma sœur, elle m'a tout réappris, à lire l'heure, mon surnom « Soukiss » et tellement d'autres choses.

Ma mère nous a donné à toutes les deux une petite prière, je la récitais plusieurs fois par jour.

Ma prière

Le Seigneur seul est ma lumière,
Ma délivrance, mon appui.
Qu'aurais-je à craindre sur la Terre
puisque ma force est en lui ?
Sa droite sûre à mon appel,
Sa droite dans son amour me soutiendra.
Il est mon roc, ma citadelle ; en lui le repos de mon être.
Mes yeux verront la délivrance
Que mon seigneur accordera.
Je veux te chanter chez les peuples
et jouer pour toi dans les pays.
Je t'aime Seigneur de tout mon cœur, de toute ma force, de toute mon âme.
Je te donne ma vie.

* * *

Avant mon accident, avant le cauchemar, avant que ma vie ne soit bouleversée, je connaissais les chansons de Lara Fabian par cœur. J'étais une vraie fan de l'album *Pure*. J'avais prévu de faire un petit spectacle et de chanter à ma famille, pour le jour de la fête des Mères un ou deux jours plus tard, la chanson « Humana » que j'avais inlassablement apprise.

Cette chanson prend tout son sens aujourd'hui : « *Plier tous tes bagages / Partir avec les tiens / Entreprendre un voyage / Qui te mènera plus loin…* »[2]

* * *

Je suis retournée à Bordeaux quelques années plus tard, avec ma belle-mère. Je n'ai pas reconnu les lieux, sauf notre appartement au 33, cours Victor Hugo et nos voisins très sympathiques qui avaient une petite fille que j'avais surnommée « Lili aux yeux bleus ».

---

[2] Extrait de la chanson « Humana » de Lara Fabian, dans l'album *Pure* (1997).

L'après-accident

Les médecins ont dit à ma mère que je ne retrouverais pas l'usage de mes jambes. Je pleurais. Je priais. J'étais en fauteuil roulant. J'avais douze ans. J'ai alors juré à mes parents que je poserais un pied au sol avant de sortir de l'hôpital.

Nous avons eu avec ma sœur de bons moments durant notre convalescence. Nous allions souvent déjeuner dans un restaurant et nous avions sympathisé avec le restaurateur et la serveuse. Je me souviens aussi du jour où, avant le grand départ pour retrouver notre pays natal, nous étions allées faire les soldes à Bordeaux. Dans la rue Sainte-Catherine, deux estropiées déambulaient, l'une en fauteuil roulant, l'autre à béquilles. Comme quoi la lumière peut apparaitre même dans l'obscurité. Seul Dieu peut rallumer le feu là où il n'y a que des cendres. On peut être heureux.

Nous avons beaucoup voyagé après notre accident. Nous alternions entre la Guyane et la France, entre le domicile de ma mère et celui de mon beau-père. De là vient peut-être mon instabilité.

À cette époque-là, ma mère vivait en Guyane, car son travail était là-bas et elle devait subvenir aux besoins de sa famille.

Elle avait une très jolie maison qu'elle avait complètement rénovée, papiers peints, peintures. Elle n'avait de cesse de nous ouvrir l'esprit, ne voulait pas que nous parlions créole, elle disait que cela déformait notre français.

Pendant des mois, je n'ai pas eu l'usage de mes jambes. J'avais complètement perdu l'équilibre. Je me déplaçais en fauteuil. J'ai encore du mal à me rappeler combien de temps je suis restée sans marcher. Le temps me paraissait interminable.

J'ai vécu la dépendance. Sans l'autre, je ne pouvais rien faire. Combien de fois j'ai été obligée de crier, d'appeler mes frères pour aller aux toilettes ! Notre maison était immense ; elle a fini par faire 500 m², d'agrandissement en agrandissement.

Un jour, j'en ai eu marre de hurler à en perdre la voix. J'ai commencé à marcher à quatre pattes comme un bébé et grâce à mes séances de kinésithérapie, j'ai petit à petit réussi à me déplacer, en longeant les murs pour garder l'équilibre, et j'ai quitté le fauteuil pour le déambulateur.

J'étais condamnée à ne plus marcher, j'ai tout mis en œuvre pour m'en délivrer.

Plus tard, alors que j'avais retrouvé une mobilité complète et que je pouvais profiter à nouveau de ma jeunesse, quelque chose était là, en état de veille, prêt à surgir, mais je ne le savais pas encore.

**

J'ai repris le chemin de l'école, en Guyane. J'avais de sérieuses difficultés d'apprentissage, des migraines incessantes, et je me droguais aux antalgiques pour amoindrir ma douleur.

Mon cerveau, très endommagé par le choc frontal lors de l'accident, gardait — et garde encore aujourd'hui — d'importantes séquelles du traumatisme crânien. Une évaluation neuropsychologique faite deux ans après les faits soulignait déjà que je souffrais de déficit attentionnel et que je manquais de contrôle émotionnel, comportemental et cognitif.

En 2001, de retour en France et suite à cette évaluation, j'ai pu intégrer le lycée d'Eysines en secteur médico-éducatif, pour mon entrée en quatrième. J'y ai été très bien entourée, j'avais un suivi scolaire et médical. Mes notes étaient excellentes, ainsi que les appréciations de mes professeurs : « Beaucoup de sérieux, volonté de progresser, c'est bien... » Malgré le handicap dû à mon traumatisme crânien, je faisais d'énormes progrès et j'étais la meilleure de ma classe.

J'avais des séances avec une ergothérapeute, une orthophoniste et une psychomotricienne, ainsi qu'avec d'autres soignants.

J'ai quitté mon lycée le 15 avril 2002 pour repartir en Guyane retrouver ma famille.

J'étais très heureuse de revenir vivre dans mon pays natal, mais quitter prématurément le lycée d'Eysines a probablement été ma plus grande erreur, car plus rien n'a été pareil ensuite. Je me demande parfois quelle aurait été ma vie si j'y étais restée. Je ne le saurai jamais. Peut-être que j'aurais fait de grandes études comme ma sœur jumelle. Une amie a fait des études d'architecture, moi je n'ai pas de qualification, je ne travaille pas. Il faut que je vive avec ça.

* * *

Pendant notre adolescence, ma sœur et moi étions très jolies, très jalousées aussi... Nous étions toujours sollicitées, tout le monde nous invitait en boite de nuit, le magazine *France Guyane* nous avait même consacré un petit article. Nous tournions dans des clips, et en dehors du lycée, nous travaillions comme hôtesses d'accueil dans un chapiteau blanc sur la plage pour une société d'événementiel et comme serveuses pour un traiteur. Pour l'inauguration d'un complexe sportif, nous avons eu l'occasion de rencontrer Nicolas Sarkozy, alors ministre de l'Intérieur.

* * *

Dix ans après l'accident, j'ai été indemnisée. Mes malheurs, mes problèmes de santé ont été évalués à 43 190 euros. Si je n'avais pas eu cet accident, quelle aurait été ma vie ?

Je venais de toucher 43 190 euros. La somme n'était pas négligeable quand même. D'autant que jusque-là, seule ma sœur avait été indemnisée. Elle avait touché 15 000 euros et les avait partagés entre elle, ma mère et moi. Cinq mille euros chacune.

Il a fallu que je bataille auprès de la mutuelle des motards et que je prenne un avocat pour que, pour moi aussi, le préjudice soit reconnu. 43 190 euros. « C'est une belle somme », a dit l'avocat, alors je l'ai acceptée. Je me dis aujourd'hui que je n'aurais pas dû, qu'elle est bien en dessous de toute la souffrance subie. Cet accident m'a volé mon enfance, et m'a volé de si belles années de vie…

Après avoir encaissé l'argent, j'ai réglé 2 000 euros à mon avocat, remboursé ma sœur des 5 000 euros prêtés. Ma mère m'a demandé tout de suite de lui donner 1 000 euros et 100 euros à Katoucha alors que ni l'une ni l'autre ne méritaient cet argent. C'était le prix de ma souffrance, de ma douleur. J'ai écouté mon banquier, j'ai fait des placements et des cadeaux. Beaucoup de cadeaux, comme une montre à 500 euros pour Marc qui n'en a même pas été content, le cadeau était trop cher pour lui. J'ai participé de moitié à l'achat de sa voiture d'occasion, et je l'ai gâté encore avec une console qui venait de sortir sur le marché. J'ai fait plein de dépenses inutiles. Il m'est resté 25 000 euros, épargnés pour plus tard.

Marc était entré à l'école de police et ne vivait plus avec moi à cette époque-là. Un soir, j'ai eu un gros coup de *spleen* et j'ai pleuré toute la soirée en écoutant de la musique. J'ai appelé ma mère pour avoir un peu de réconfort, ce qu'elle m'a donné volontiers. Elle a fait plus encore, elle m'a mis un rêve dans la tête : construire une maison en bois sur un terrain qui lui appartenait ; cet investissement serait pour moi une garantie de revenus pour mes vieux jours. J'ai eu la patience d'attendre trois ans de voir ce projet se réaliser et quand j'ai vu que rien ne bougeait, j'ai réclamé qu'elle me rende l'argent investi. Envolé, mon rêve ! Le projet était trop ambitieux, il a été repris par ma sœur qui vit maintenant dans la maison. Pourtant, ma sœur m'avait prévenue et je n'en ai fait qu'à ma tête, comme d'habitude…

J'ai pardonné à ma mère. Je sais qu'elle a pensé bien faire et qu'elle voulait m'aider. Elle a fait de son mieux pour être là pour moi.

Marc

Un homme a su lire en moi. J'ai connu le véritable amour.

Une fille aux couleurs sauvages
Apparut dans la vie telle un mirage.
Beauté réelle ou irréelle,
Question éternelle
Si belle qu'elle en ferait rougir le ciel.
Plus que le corps elle a l'esprit,
Tous auprès d'elle on s'embellit
Car sa force bien au-delà des rires,
C'est d'avoir su que vivre est un plaisir.

P.-S. — Je t'aime.

Il me quittera des années plus tard et je souffrirai de son absence. Terriblement. À en perdre le sommeil. À penser à lui en boucle. À me demander inlassablement ce qu'il est devenu. Physiquement. S'il a une vie heureuse. S'il est papa, pour finir par apprendre qu'on me l'avait caché pour ne pas augmenter ma peine…

Nous nous étions pourtant promis que quoiqu'il arrive, nous resterions bons amis. Il m'a oubliée. J'appartiens à son passé. Lui, bien que je m'en défende, fait encore partie de ma vie ; quand j'écoute « Someone like you », la chanson d'Adèle[3], c'est à lui que je pense. J'ai trouvé la traduction du texte sur Internet, et je le lis et le relis.

> *J'ai entendu dire que tu t'es installé*
> *Que tu as trouvé une fille et que tu es marié maintenant*
> *J'ai entendu dire que tes rêves sont devenus réalité*
> *[…]*
> *Ne m'oublie pas, je t'en prie, je me souviens que tu avais dit :*
> *Parfois l'amour dure, mais parfois il blesse à la place…*

* * *

J'ai rencontré Marc au mois d'août 2003, pendant les vacances. Il avait vingt et un ans et moi seize. Ce fut le plus bel été de toute ma vie ; je ne savais pas encore qu'elle allait très bientôt prendre une tout autre tournure.

C'est un ami commun qui nous a présentés. Il avait entendu parler des jumelles, si populaires dans la région. Ce jour-là, nous étions toutes les deux en train de siroter un punch coco au Novotel où travaillait mon beau-père. Nous nous amusions à prendre des photos avec notre premier appareil

---

[3] Dans son album *21* (2011).

Canon. D'ailleurs, une fois les présentations faites, Marc a joué au photographe tout le temps qu'il est resté en notre compagnie. Nous riions de tout, l'ambiance était géniale. Nous avons continué à nous voir les jours suivants, en amis, nous étions si bien ensemble.

La fin de l'été est vite arrivée ; comme ma mère avait oublié de nous inscrire pour la rentrée scolaire, c'est Marc qui s'en est occupé, comme un grand frère.

Ma meilleure amie et moi avons choisi pour clore les vacances de faire une virée en boite de nuit au 106 à Cayenne. C'est Marc qui est venu nous chercher et qui nous a ramenées, chacune à notre tour ; d'abord Angélique, et puis moi. Comme j'habitais à Macouria, qu'il était cinq heures du matin, que c'était loin, qu'il était fatigué, il a souhaité se reposer quelques heures après avoir contemplé le lever du soleil comme il aimait le faire chaque fois qu'il était en Guyane. Nous étions le 31 août, je suis tombée amoureuse de lui quand j'ai compris qu'il s'agissait de l'homme dont je rêvais régulièrement depuis mes quatorze ans.

* * *

La dernière fois qu'il m'a vue en bonne santé, c'était durant les vacances de Noël en 2003. Marc étudiait la comptabilité à Toulouse et une amie à lui nous avait prêté un appartement très coquet. Les décors féeriques dans les rues, les magasins, l'ambiance, tout était réuni pour que nous passions des moments inoubliables.

Je me souviens que le jour de mon arrivée, Marc m'avait préparé un colombo, un plat bien de chez nous qu'il avait complètement loupé. Mais ce n'était pas important ; le plus important, c'était cette joie qui nous habitait. Nous sommes sortis en boite ensuite, à l'Aposia. J'ai dansé, rigolé, j'étais si heureuse. Marc n'aimait pas du tout ces endroits et c'est la première et dernière fois qu'il m'y a accompagnée.

Aucune fausse note. Des vacances de rêve. Quand je suis repartie en Guyane, je ne savais pas encore que quelques semaines plus tard, mon cauchemar allait commencer.

Ma faute

Le 14 février 2004, nous nous sommes appelés pour nous souhaiter la fête des amoureux et je n'ai rien trouvé de mieux que de lui annoncer que je l'avais trompé. J'ai été si naïve quand j'y repense. « Trompé » était un si grand mot pour ce que j'avais vécu avec cet autre garçon : je l'avais embrassé. Cela n'avait rien à voir avec la relation que j'avais avec Marc. Il était loin, j'ai fait une erreur, j'ai voulu tout lui dire pour être honnête avec lui et il l'a très mal pris. Mon aveu a tout gâché.

**

Ce jour-là j'étais anxieuse, inquiète à en perdre la tête, car j'attendais les résultats de mon test sanguin pour le VIH. J'avais été infidèle à Marc, réellement cette fois. J'avais trahi mon amour et commis l'irréparable avec son frère David. Depuis que Marc avait voulu faire une pause après mon aveu de la Saint-Valentin, j'étais dans un état d'anxiété extrêmement élevé, très faible aussi. À cette époque, mes hallucinations avaient commencé. J'étais déjà malade sans le savoir, j'avais cru être avec Marc, j'avais vu son visage alors que son frère profitait de ma faiblesse.

Pendant ces trois semaines d'attente, j'ai séjourné en enfer. Trois semaines à mariner dans le doute et la peur, j'étais métamorphosée par la tristesse, l'anxiété.

Je me suis confiée à ma sœur, la trahison était trop lourde. Ma sœur s'est confiée à ma mère.

Pour trouver le pardon, ma mère m'a proposé de la suivre à l'église. Mais avant de m'y rendre, j'ai lu un livre que j'avais trouvé chez le frère de ma belle-sœur, *La force intérieure*[4], moi je l'ai appelé « Le livre bleu ». Le propos du livre, c'était Dieu. Dieu et la force qu'il pouvait nous prodiguer, Dieu et la foi. J'ai commencé à le lire et je n'ai pas pu m'arrêter. Je me sentais réconfortée et plus j'avançais dans ma lecture, plus je retrouvais le goût de moi. J'allais mieux. De ce livre, j'ai gardé une phrase : « Si vous voulez que Dieu entre dans votre vie, mettez-vous à genoux, priez sincèrement et demandez son aide. » Alors je me suis mise à genoux, je me suis repentie et j'ai prié de tout mon cœur, de toutes mes forces. J'ai juré que je croirais en lui et je lui ai demandé de se manifester. Mes angoisses et mes peurs se sont volatilisées pour laisser place à un bonheur indicible. La paix m'habitait. J'ai ressenti une telle chaleur m'envelopper que j'ai suivi ma mère jusqu'à l'église pour connaitre Dieu et pour le remercier.

---

[4] J.E. Addington (1992). *La force intérieure*. Les éditions de l'homme.

J'ai retrouvé le sourire, la joie de vivre et une grande confiance en moi. Je suis allée à l'église très souvent et tout est rentré dans l'ordre.

Au lycée, je suivais un BEP en comptabilité et j'avais de meilleures notes. La mémoire revenait. Tout m'intéressait. J'avais envie de m'exprimer, de m'instruire, de lire, de faire du théâtre, de la danse. J'avais énormément maigri, j'étais comme un aimant et j'attirais les personnes. Je me sentais belle et avec Marc, notre histoire était repartie. Il m'avait pardonné. J'avais la sensation d'avoir beaucoup de chance. Alors j'ai continué à aller à l'église pour glorifier ce Dieu à qui je devais tout.

Je me suis mise à fréquenter une église évangélique, je lisais la Bible, je connaissais le psaume 91 par cœur :

> *Celui qui s'abrite sous la protection du Très-Haut repose à l'ombre du Tout-Puissant.*
> *Je dis à Yahweh : « Tu es mon refuge et ma forteresse, mon Dieu en qui je me confie. »*
> *Car c'est lui qui te délivre du filet de l'oiseleur et de la peste funeste.*
> *Il te couvrira de ses ailes, et sous ses plumes tu trouveras un refuge. Sa fidélité est un bouclier et une cuirasse.*
> *Tu n'auras à craindre ni les terreurs de la nuit, ni la flèche qui vole pendant le jour,*
> *ni la peste qui marche dans les ténèbres, ni la contagion qui ravage en plein midi.*
> *Que mille tombent à ton côté, et dix mille à ta droite, tu ne seras pas atteint.*

> *De tes yeux seulement tu regarderas, et tu verras la rétribution des méchants.*
> *Car tu as dit : « Tu es mon refuge, Yahweh ! », tu as fait du Très-Haut ton asile.*
> *Le malheur ne viendra pas jusqu'à toi, aucun fléau n'approchera de ta tente.*
> *Car il ordonnera à ses anges de te garder dans toutes tes voies.*
> *Ils te porteront sur leurs mains, de peur que ton pied ne heurte contre la pierre.*
> *Tu marcheras sur le lion et sur l'aspic, tu fouleras le lionceau et le dragon.*
> *Puisqu'il s'est attaché à moi, je le délivrerai ; je le protégerai puisqu'il connait mon nom.*
> *Il m'invoquera et je l'exaucerai ; je serai avec lui dans la détresse. Je le délivrerai et le glorifierai.*
> *Je le rassasierai de longs jours, et je lui ferai voir mon salut.*

Réciter ce psaume était devenu une obsession. J'allais tous les jours à l'église, mais plus j'y allais, plus j'avais peur du pasteur. Il me terrorisait, car il parlait de la force de l'Éternel, mais aussi du démon qui nous détourne du droit chemin. J'étais sensible et prenais tout à cœur. J'absorbais tout comme une éponge.

Un jour, mes yeux se sont brusquement fermés et j'ai vu les yeux jaunes du serpent qui me regardaient. Une voix m'a dit : « Continue à prier, je vais te rendre folle. » J'ai continué à prier, ma peur du pasteur était la plus forte. J'étais complètement fanatique.

Et malgré mes prières, la récitation du psaume 91 plusieurs fois par jour, la Bible sous l'oreiller et ma forte croyance en Dieu, je dormais de moins en moins.

Je me suis mise à avoir des hallucinations « divines ». La première a eu lieu dans ma chambre. Un ange m'est apparu. Ma descente aux enfers venait de commencer.

J'ai parlé de ma vision à tout le monde, à ma mère, à mes sœurs. Ma mère me disait que c'était un miracle, que j'étais touchée par le Saint-Esprit. Il n'en était rien. C'était horrible. J'ai continué à entretenir la foi pour me sentir protégée, j'ai lu encore plus souvent la Bible afin de montrer à Dieu que j'étais fidèle.

Mes hallucinations ont continué de plus belle. Je voyais des ombres, j'entendais des voix qui me parlaient et me disaient ce que je devais faire. Quand je regardais la télévision, c'était mon visage qui était dans l'écran. Tout en moi était diabolique, dans tout je voyais la marque du démon. Je me suis dévouée à Dieu encore et encore. J'ai écouté de la musique évangélique pour rester dans le droit chemin et démontrer combien j'étais fidèle. Mais je continuais à entendre des messages subliminaux, une petite voix malicieuse qui envoûtait et séduisait mon subconscient par le biais des publicités.

À Cayenne, j'ai commencé à faire des choses folles, à marcher toute nue dans la rue, à faire n'importe quoi… J'étais toujours avec Dieu, mais dans mon propre théâtre, je jouais mon rôle de fille qui avait complètement perdu la tête, j'étais en pleine folie. Je délirais totalement.

Je me suis retrouvée internée dans un hôpital psychiatrique en Guyane. Dans ce service, tout le monde était un peu livré à lui-même. Un jour, je suis montée sur la table pour prêcher la Bible. Les patients se sont regroupés autour de moi pour m'écouter. Quand les infirmiers m'ont vue, ils m'ont prise de force par les bras et m'ont trainée et jetée violemment dans le cachot. La pièce était immonde, il y avait des excréments partout ; le mur était maculé de taches marron, surement des excréments ou du sang. Les toilettes turques dans la pièce puaient. Le lit — ou plutôt l'endroit prévu pour se coucher — était dégueulasse. C'était horrible. Les médecins me disaient que c'était pour me calmer, mais pour ça, il aurait fallu me faire une piqure ou m'isoler ; me laisser dans ce « cachot » n'a fait que me terroriser.

Je suis restée longtemps dans cette pièce, seule. J'étais dans une prison. Je sais ce que ça fait d'être en prison, j'en ai fait l'expérience. Pendant des années, j'en ai été traumatisée, j'ai eu peur de rester seule, d'être dans une pièce fermée.

Dès que j'ai pu la voir, je me suis confiée à ma mère et je lui ai dit que je ne voulais pas rester là.

* * *

Quand il a su pour ma maladie, Marc a quitté Toulouse et ses études pour être à mes côtés, comme la preuve qu'il m'aimait de tout son cœur. Après m'avoir rendu visite et constaté mes conditions de vie, c'est lui qui a conseillé à ma mère de me faire sortir de l'hôpital et qui m'a emmenée à Toulouse. Accompagnée de mon amour, de ma sœur et de ma mère, j'ai pris l'avion pour Paris, où j'ai passé environ un mois. À cette époque, j'avais arrêté en cachette de prendre mes médicaments, je n'en supportais plus les effets secondaires. Face à mon discours complètement incohérent — quatre personnes cohabitent dans ma tête quand je suis en crise —, un médecin m'a fait hospitaliser d'urgence à l'hôpital Sainte-Anne…

En métropole, mes hospitalisations se sont bien mieux passées : j'ai été prise au sérieux et bien suivie. En Guyane, on a l'habitude de dire qu'en cas d'accident, mieux vaut mourir tout de suite ; impossible d'y avoir un bon suivi médical. Quand les gens ont des maladies graves, cancers ou autres, ils vont s'installer en France pour se faire soigner…

Mes souvenirs d'hospitalisation en France sont bien meilleurs, même si le fait même d'être à l'hôpital reste une souffrance, une épreuve compliquée à gérer pour une personne hypersensible comme moi qui, confrontée aux vécus des autres malades, prend tout comme une éponge. Je me souviens avoir rencontré dans les couloirs un homme avec une sonde au ventre : désespéré de se retrouver seul un soir en rentrant chez lui dans sa belle et grande maison, il avait bu la première bouteille — de l'acide — qu'il avait trouvée dans sa salle de bain... Il était condamné à se nourrir à travers cette sonde pour la fin de ses jours, sa vie n'aurait plus jamais de goût. Ce témoignage m'avait bouleversé et je n'avais trouvé qu'une chose à lui dire : « Tu n'aurais pas dû te rater. » J'avais pleuré, nous avions prié ensemble. J'avais eu conscience ce jour-là que même dans les moments les plus bas — ceux où je racontais au psychiatre que je me voyais dans un cercueil — j'avais eu la chance de ne jamais rien faire d'irréparable.

Heureusement, je garde surtout de mes séjours à l'hôpital le souvenir d'événements dans lesquels mon hypersensibilité et ma foi m'ont permis d'aider d'autres patients à retrouver le sourire... Comme cette fois où une femme s'est assise à côté de moi : « Je cherche un arbre pour me pendre. Mon mari me critique, je m'entends mal avec mes enfants, je vais perdre mon boulot si je reste à l'hôpital. » Je lui ai dit : « Ne t'en fais pas, une de tes filles va t'appeler. » J'avais à peine fini de parler que son téléphone a sonné...

Un autre jour, je me suis approchée d'un adolescent en pleurs, qui m'a confié qu'il avait été abandonné par ses parents et qu'il vivait chez sa tante. J'ai posé ma main sur son cœur et mis sa main sur le mien. Il m'a regardée, souriant, m'a demandé ce que j'avais fait : il se sentait mieux, joyeux. « Je n'ai rien fait, c'est Dieu qui a tout fait. »

Il y a quelques années, pendant une hospitalisation, un homme m'avait fixée avec insistance : il avait senti mes dons et m'avait comparée à Karaba, la sorcière de Kirikou !

***

« Tu as un si grand cœur que tu illumines le service telles les étoiles la nuit et la rosée du matin » m'a un jour écrit Alexandra, une voisine de chambre de l'hôpital psychiatrique de Beaupuy.

Ma « maladie divine »

Je suis bipolaire.

Quelle maladie insupportable !

Les sautes d'humeur, c'est humain. Tout le monde connait des hauts et des bas, des moments de joie et de tristesse, d'excitation et de mal-être. Chez les bipolaires, c'est tout pareil en pire ! Manies et dépressions s'enchaînent. Le bipolaire vit sur des montagnes russes. Des fois dans des hauteurs jusqu'à toucher le ciel. Dans ces moments-là, je ressens une joie intense, une grande force, j'ai l'impression que tout en moi est en éveil : mes souvenirs, mes lectures, toutes les choses apprises me reviennent en mémoire. Et des fois je dégringole tout en bas. Il paraît qu'il est difficile de soigner ce genre de maladie.

Ma maladie, c'est moi. Elle m'insupporte et je ne me supporte plus. J'ai pourtant vécu seize années de ma vie sans être malade, mais j'étais si jeune que je ne m'en souviens quasiment pas. La seule image qui me reste, c'est moi souriante. J'étais joyeuse. Je le ressens en moi. Mon corps sait, lui se souvient. J'aimais la vie. Rien à voir avec cette peur de vivre qui me tenaille, cette angoisse que je ne contrôle pas, qui pollue ma tête et gâche mon existence. Je suis bloquée. Je n'arrive pas à faire les choses dont j'ai envie. C'est un cercle vicieux, je n'ose pas faire et en même temps je me dis que cela ne sert à rien de me lancer, que je n'y arriverai pas. Je fais pourtant des efforts, mais je dépense une énergie folle pour tout retenir. J'ai envie d'apprendre, de lire, de découvrir de nouvelles choses, mais j'ai un mal fou à rester concentrée. Je regarde les actualités pour me tenir au courant de ce qui se passe dans le monde, mais je ne retiens rien de toutes ces informations. Je me sens limitée dans mes capacités. Tout est difficile. Tout demande des efforts. J'aurais tellement voulu faire des études !

Finalement, je ne crois pas vraiment pouvoir trouver d'aide extérieure. Mais le fait de payer et de solliciter cette aide dont j'ai besoin me donne un semblant d'assurance. Payer une nutritionniste me donne l'impression de maigrir. Payer un cours de soutien me donne l'impression d'apprendre...

* * *

Le déclenchement de ma maladie coïncide avec ma découverte de l'amour céleste, un an après l'amour humain. Dieu m'a sauvée des catacombes.

Même si j'avais fait mes cours de catéchisme, ma communion et ma confirmation pendant mon adolescence, je ne connaissais pas Dieu en réalité. Pendant cinq ans, j'ai tiré les cartes, je me suis adonnée à la magie, j'avais des idoles : tout le contraire de la foi. Comment me suis-je égarée à ce point ? Ma vie était dans le néant, mon cœur vivait la solitude.

J'ai goûté à la paix en 2004, quand j'ai rencontré Dieu pour la première fois. Mon esprit a échangé avec Lui dans une langue incompréhensible à tout entendement, même si j'avais l'impression de parler hébreu. Ce jour-là, une force m'a mise à genoux : les mains au ciel, les yeux noyés de larmes, j'ai laissé place au Saint-Esprit.

* * *

Chaque rechute — au moins une fois par an pendant huit ans — correspond à un moment où Dieu s'est révélé à moi et m'a touché le cœur. Il s'est manifesté chaque fois que je suis tombée en dépression.

Avant que tout bascule, je suis sur un nuage… Tout a une logique. Dans ces instants, j'ai Dieu dans le cœur. La sainteté s'installe. Lavée de tous péchés, de toutes iniquités, le grand pardon du Christ est à l'œuvre et me procure une paix profonde. Je suis rachetée, Dieu ne voit plus mes fautes !

> *Ne vous inquiétez de rien ; mais en toute chose, faites connaître vos besoins à Dieu par des prières et des supplications, avec des Actions de grâces. Et la paix de Dieu, qui surpasse toute intelligence, gardera vos cœurs et vos pensées en Jésus-Christ.* (Philippiens 4 : 6-7)

> *Je vous donnerai un cœur nouveau, et je mettrai en vous un esprit nouveau ; j'ôterai de votre corps le cœur de pierre, et je vous donnerai un cœur de chair.* (Ezéchiel 36 : 26)

Mais comment distinguer la folie divine de la folie pathologique ? Pour moi, tout s'entremêle, ma maladie et ma foi sont indissociables. Je ne me rends pas compte que la maladie est là, car tous les versets me confortent dans mon euphorie. Tout ce que je vis y est écrit.

> *Il répondit : « Tu aimeras le Seigneur, ton Dieu, de tout ton cœur, de toute ton âme, de toute ta force, et de toute ta pensée ; et ton prochain comme toi-même. »* (Luc, 10 : 27)

* * *

Dans mon rapport à la religion, les existences de Dieu et de Satan s'entremêlent, et ce depuis que j'ai été touchée par Dieu, depuis que ce pasteur fanatique m'a entraînée avec lui dans sa peur du démon. Pourquoi Satan a-t-il pointé le bout de son nez quand j'ai fait la connaissance de Dieu ? Pourquoi ne me suis-je pas satisfaite de Sa protection ?

Très souvent lors de mes crises de bipolarité, Dieu se manifestait, se révélait à moi. Sa lumière était là, mais j'étais encore dans le monde de la divination, de la magie. Dans ma tête se déroulait une véritable guerre spirituelle entre les voix et les signes…

Dans mes rêves, Dieu et le Diable se confrontent perpétuellement. Lorsque l'un semble prendre le dessus, l'autre me réveille… Je fais par exemple ce rêve récurrent : je vais de maison en maison pour prier avec un groupe de personnes, croyantes comme moi. En sortant d'une maison, je rencontre une jeune fille en fauteuil roulant, possédée par le Diable. Je me réveille en sursaut.

Une autre fois, je rêve que ma tête est posée sur Son Cœur. Jésus me dit : « Fais-moi confiance » et il installe sur mon nez des lunettes de vue. Je me réveille.

* * *

Aujourd'hui, j'ai trente ans et je ne veux plus laisser de place à Satan dans mon esprit. Plus de trouble. Dieu a un plan pour moi.

« Quand la vérité n'est pas libre, la liberté n'est pas vraie. » (Jacques Prévert)

I'd rather go blind, than to see you walk away from me[5]

Quelque chose m'a dit que c'était terminé
Lorsque je t'ai vu parler avec elle
[…], je préférerais devenir aveugle, chéri
Plutôt que te voir t'éloigner de moi…[5]

Marc aurait pu m'aider, mais il n'a jamais accepté ma maladie. Je me souviens d'un jour où mon psy lui avait donné rendez-vous pour lui expliquer ce que j'avais et comment il pouvait m'accompagner. Il a tout refusé en bloc. Il s'est planqué derrière ses certitudes ; il avait la conviction que tous les problèmes venaient du fait que je n'avais pas de volonté, que j'étais paresseuse. Il était dans le déni. C'est vraiment dommage que tout soit arrivé au bout d'un an à peine de relation à distance, il ne me connaissait pas vraiment. Qui étais-je ? Je ne le savais pas moi-même, j'avais dix-sept ans.

***

---

[5] « Je préférerais être aveugle, que de te voir partir », extrait de la chanson d'Etta James, dans l'album *Burning down the house* (1968), chanson reprise par Beyoncé (2012).

Le statut de travailleur handicapé a contribué à gâcher ma vie. Alors qu'il était censé favoriser mon insertion professionnelle, il m'a fait perdre beaucoup de temps et m'a rendue impatiente. Il a fallu que j'attende un temps fou, six années de paperasse auprès de la MDPH[6], de décisions qui ne se prenaient pas, avant d'être orientée vers une structure adaptée à mon handicap. Durant cette période, je n'ai pu prendre aucune initiative au risque de perdre ma candidature au CRIC[7] qui évaluait mes capacités pour suivre une formation qualifiante.

J'ai été dirigée vers un ESAT[8]. Quelle déception ! Ce centre accueillait des personnes avec un très lourd handicap. J'ai dû travailler avec des trisomiques, d'autres qui avaient des capacités très limitées, de lourds problèmes psychologiques. Je ne me sentais pas comme eux. Certes j'étais malade, mais je n'étais pas si diminuée. J'ai vécu un interminable cauchemar. Je pleurais tous les soirs. Je pensais que je ne valais rien. J'étais comme une âme perdue, un déchet, je me dévalorisais constamment et me sentais de plus en plus incompétente.

Tout ce que j'expérimentais me rappelait les paroles blessantes que me disait Marc sans doute pour que je réagisse et que je me batte. Avec lui, la

---

[6] MDPH : Maison Départementale des Personnes Handicapées.
[7] CRIC : Centre de Rééducation des Invalides Civils.
[8] ESAT : Établissement et Service d'Aide par le Travail.

situation s'était détériorée. Je me rendais bien compte qu'il avait honte de moi : maintenant que je travaillais avec des personnes amoindries, il cachait ma situation à ses connaissances et à ses collègues, j'étais de plus en plus mise à l'écart.

Au bout de dix mois, je suis tombée en dépression et j'ai quitté l'ESAT.

Quelques mois plus tard, j'ai pu intégrer l'École de la deuxième chance à Toulouse, pour essayer de trouver des stages et de rentrer dans le circuit de l'emploi.

Sur les conseils de mon père, j'ai accepté de chercher du travail dans le secteur de l'aide à domicile. Il me disait que ce serait épanouissant pour moi de rendre service aux vieilles dames… Après avoir passé un test dans l'association « Les clefs du sourire », j'ai pu obtenir un contrat aidé. Pour moi, cette signature représentait beaucoup : pour la première fois, je pouvais faire des projets, je me voyais déjà avec mon appartement, ma famille… Je fantasmais ma situation, tout à la joie de pouvoir enfin briser mes chaînes et me retrouver libre de mon destin. Ce contrat, je l'avais trouvée seule !

Pendant un mois, j'ai été euphorique, j'étais tellement heureuse que j'obtempérais sans problème à toutes les consignes qu'on me donnait dans le cadre de mon travail. Un soir, alors que je travaillais chez une vieille dame très dépendante, j'ai même dû l'aider à aller aux toilettes. Rentrer ainsi dans son intimité ne m'a pas dégoûtée, j'ai au contraire eu le sentiment d'être réellement utile.

Utile comme Esta, la nourrice haïtienne qui s'est longtemps occupée de moi et de mes frères et sœurs et grâce à qui je conserve d'excellents souvenirs de mon enfance. Les odeurs des petits plats qu'elle nous mijotait, ses cris quand nous faisions des bêtises... Quand nous avons grandi, elle a travaillé chez ma grand-mère. Esta est décédée il y a déjà quelques années, mais je la garde dans mon cœur.

Malgré ces souvenirs et l'enthousiasme du début, les propos de mes parents, ne voulant que mon bien, me sont petit à petit revenus en mémoire : je devais bien travailler à l'école si je ne voulais pas me retrouver à faire des ménages pour les autres...

Ma fierté de travailler s'est transformée en dégoût de voir certaines personnes profiter des aides et me reprendre sur chaque geste alors qu'elles étaient tout à fait capables de faire le ménage elles-mêmes. Je n'étais pas une aide-ménagère, mais une « bonne à tout faire »...

Au bout de deux mois, la situation était insupportable, les paroles de mes parents tournaient en boucle dans ma tête. Une vieille dame aigrie chez qui j'intervenais appelait ses amis en ma présence pour me dénigrer. J'ai claqué la porte, littéralement. Je suis partie de chez elle en laissant tout en plan. Après cet épisode, je me suis disputée avec ma patronne, et j'ai quitté mon emploi.

Je sais que j'ai manqué de maturité. J'aurais pu évoluer professionnellement et plusieurs formations étaient déjà programmées, mais je n'ai pas laissé de temps au temps. Je souffrais trop, je ne voulais plus faire ça. J'ai tenu trois mois.

Après cet épisode, je n'étais pas totalement démunie, j'avais un plan B : intégrer l'UEROS[9] de Toulouse. Le stage dans cette structure devait me permettre de mieux définir mon projet et de m'intégrer en emploi dans des endroits adaptés à mon handicap. J'ai commencé ma formation, mais je n'étais pas motivée, sans cesse fatiguée, je cherchais des excuses… En réalité, j'avais autre chose en tête à ce moment-là : mes frères et sœurs devaient arriver de Guyane et emménager à Toulouse et j'avais pour mission de leur trouver un appartement. Incapable de me concentrer à la fois sur mon stage et sur la recherche de logement, j'ai laissé tomber le stage. Au moment du bilan, il a été décrété que je n'étais pas capable de travailler.

Cayenne, le 18 avril 2011

Sache que tu es tous les soirs dans mes songes. Je t'aime très fort, tu ne peux pas savoir à quel point.

Je ne voulais pas te prendre la tête, je suis désolée. J'espère que tu es sincère avec moi quand tu me dis que tu m'aimes. Je ne voudrais pas être un boulet qui t'empêche d'avancer. Je veux juste partager ta vie, je veux que tu sois plus tendre, plus doux avec moi, que tu m'exprimes tes sentiments. Je sais que notre couple

---

[9] UEROS : Unité de Rééducation et d'Orientation Sociale et/ou professionnelle pour personnes cérébro-lésées.

n'est pas ta priorité. Je ne sais pas si j'ai encore une place. Si ce que je te demande est une corvée, fais-le-moi savoir.

Tu sais que tes paroles blessantes me touchent beaucoup : « Si je t'écris une lettre, tu vas pleurer toutes les larmes de ton corps » ou encore quand tu me traites de gamine... Je peux compter le nombre de fois où tu t'es excusé, tu ne te remets jamais en question. Mais je t'ai déjà dit et redit tout cela.

Je t'embrasse et à bientôt au téléphone.

Bisous de ta chérie qui t'aime.

Soukhayna

P.-S. — Il faut que tu saches qu'en amour, l'être humain a toujours besoin de se sentir rassuré et existant.

Stressée, sous-estimée, j'étais jalouse des filles « plus que parfaites » et « droites dans leurs bottes » qui couraient après Marc. Je me réveillais à quatre heures toutes les nuits pour consulter les messages sur son portable. Et quand je manque de sommeil, je tombe malade... Pendant presque deux ans, j'ai souffert en silence de la situation, et il n'a rien remarqué.

* * *

« Je te quitte. » Les paroles de Marc m'ont arraché le cœur. Je ne comprenais plus rien, j'avais la tête qui tournait, le choc était terrible, il voulait me quitter, il me quittait, il venait de me le dire. Par téléphone, après huit ans de vie commune. Je l'ai supplié de me pardonner. Je lui ai dit que je l'aimais. Je l'ai remercié pour le cadeau que j'avais reçu. Il m'avait offert des sous-vêtements et une nuisette de chez Darjeeling ainsi qu'un petit haut noir de chez Ange. Il m'avait gâtée, j'étais si heureuse. Mais il n'a rien voulu entendre. C'était fini pour toujours. Ma vie s'est arrêtée. J'étais anéantie.

Il n'a pas eu le courage d'attendre qu'un jour, tout redevienne comme avant. Il m'a quittée.

Marc, mon premier amour, s'en est allé le 12 octobre 2011.

La solitude

Peut-on aimer encore si fort ? Comment laisser la place à un autre ? Comment tourner la page après les larmes qui débordent ? Un cœur meurtri par la douleur ne cicatrisera jamais de son premier amour, mais je veux tourner la page. On finit par se relever avec le temps.

Il y a quelques années, j'ai fait la connaissance de Paul. Comme d'habitude, je lui ai parlé longuement de ma vie, j'avais tellement besoin d'être rassurée sur le fait qu'il y avait quelqu'un quelque part qui m'attendait et à qui mon histoire ne ferait pas peur. Je lui ai confié qui j'étais alors même que je ne savais rien de lui.

La vie sans Marc, mon âme sœur, n'a plus jamais été pareille. Je crois que j'ai beaucoup souffert qu'il m'ait quittée après huit ans de vie commune. Je l'aimais d'un amour infini, sans mesure, je l'aimais à en oublier ma propre existence.

Paul m'a dit que l'amour, c'est d'exister à deux. Rien à voir avec l'oubli de moi, et le fait que j'aie accepté de Marc ses mots qui me faisaient du mal, son indifférence. J'ai supporté tout cela sans jamais rien lui dire de ce que je ressentais. Je pleurais et je lui pardonnais. Quand il revenait vers moi, je le reprenais. Un mot doux, un câlin suffisaient pour effacer 100 % du mal qu'il m'avait fait.

* * *

La vie est un terrain de jeux, mais avec l'âge on l'oublie. On devient adulte et ce jeu nous piège. Certains acteurs s'octroient un rôle en ce bas monde, mieux vaut connaitre les règles du jeu : de nos jours, la vie est une guerre humaine et spirituelle.

* * *

À l'époque, je manquais de confiance en moi. Je parlais à tout le monde de ma vie, de mes plaintes. Copines, potes ou inconnus : les gens étaient tous mes psys. Comme si mes peurs passionnaient les autres.

J'étais dans un labyrinthe sombre ; impossible de m'en sortir, toujours le même circuit. J'avais froid et tout était dur autour de moi, personne pour me réchauffer. Je cherchais chez un homme la flamme qui réchaufferait mon cœur et cette flamme qui n'existe pas me consumait de l'intérieur. Vide, chagrin, tromperie, crainte s'installaient en moi. J'étais une femme blessée dans son amour propre. Je m'affaiblissais, mais mon désir d'être aimée et l'envie d'aimer malgré l'échec et la crainte ne me décourageaient pas. Je poursuivais ma quête, celle du jardinier qui prendrait soin de la fleur auprès de laquelle je pourrais me poser.

J'ai laissé une porte ouverte avec les sites de rencontre, j'ai connu beaucoup de trahisons avec les hommes, les copines. « Je suis le fruit d'une blessure le souffle d'un trop long combat. »[10]

Dieu seul sait tous les risques que j'ai pris à croire aux paroles des vendeurs de sommeil qui partageaient mon lit et disparaissaient. Les hommes profitaient de ma naïveté, de ma fragilité et de mes peurs. Le schéma se répétait à chaque fois, à chaque rencontre, m'enfermait dans une spirale sans fin. Des arnaqueurs, des acteurs me disaient qu'ils m'aideraient, que j'avais une belle personnalité, qu'ils n'avaient jamais rencontré une fille aussi gentille et dotée d'une telle sincérité. J'avais besoin qu'ils me consolent, qu'ils me fassent oublier mon premier amour. Une fois la toile bien ficelée, l'araignée me mangeait puis recrachait ce qui restait : un cœur blessé. Je me souviens de deux hommes crapuleux, Wael et Bernard, le jour de mes vingt-sept ans. Sans commentaires…

Je faisais sourire les hommes ; eux me faisaient pleurer en me laissant dans la boue. Ces autres m'ont dépouillée de mes pétales, en prenant le meilleur de moi. Rose sans épine, j'étais accessible aux autres, sans méfiance.

---

[10] Julie Zenatti, « Si j'm'en sors », dans l'album *Fragile* (2000).

Souvent, je repense au livre magique pour rencontrer l'âme sœur : je priais les esprits avec mes incantations incompréhensibles, les cartes me faisaient de mauvais tours en me trompant sur la personne.

J'ai côtoyé le diable pendant six ans.
Ne confie ta vie à personne.

J'espère pouvoir oublier, effacer quelques lignes de ma vie pour avancer, effacer les bleus. Je n'avais que le silence et la peine. Je prenais beaucoup de risques vis-à-vis des MST, la seule maladie que je craignais était le VIH. J'avais cette image, gravée dans ma tête depuis mes huit ans, d'une émission à la télévision montrant un homme en pleurs, se frottant avec énergie sous la douche. Il disait qu'il avait attrapé le Sida…

* * *

Quand on cherche l'amour, on traverse des déserts. C'est mon cas, je suis seule depuis octobre 2011. Quand on cherche, on ne trouve pas. L'amour est un processus naturel, la force ne sert à rien. Rien ne peut combler le manque d'amour. Je lutte, je suis en guerre contre la solitude. Il faut du temps pour sourire sans amour. À rester dans le passé, on n'arrive pas à entrevoir l'avenir. J'étais dans la tristesse des souvenirs.

Je cherchais une autre fleur pour réparer mes ailes, mais je n'ai trouvé que le désert.

Je suis un papillon qui cherche sa fleur.

Je cherche ma rose rouge.

La magie blanche

J'ai été initiée par mon beau-père à la cartomancie. Pendant six ans, j'ai vécu dans le monde de la divination, de la magie. J'ai réalisé mes premières prédictions avec « l'oracle de lumière », mon jeu divinatoire. Mon hypersensibilité était un don, je faisais preuve d'une empathie bien supérieure au commun des mortels.

Quand j'étais à l'hôpital au moment de ma rupture avec Marc, une infirmière m'avait apporté un magazine offrant un jeu de cartes divinatoires. Malgré ma pratique religieuse, la tentation était trop forte : j'ai tiré les cartes et j'ai su, quelques jours avant que Marc me l'annonce par téléphone, qu'il allait me quitter. Je savais aussi que je finirais par m'en remettre : tristesse, trahison, voyage, sérénité, paix.

J'ai jeté les cartes, je ne voulais plus y croire, je voulais rester avec Dieu. Je priais sans arrêt pour trouver l'âme sœur et guérir de ma rupture, ça me faisait trop mal.

Pendant un an, j'ai pleuré et pleuré, et puis j'ai commencé à en avoir marre : la prière à Dieu et aux Saints ne suffisait pas.

Sans amour, mon équilibre n'y est pas. Ma vie manque de magie, mais je suis une magicienne sans baguette.

Dans une boutique ésotérique juste à côté de chez moi, j'ai demandé de l'aide et j'ai commencé à m'intéresser aux anges gardiens. Le mien — et celui de toutes les personnes nées comme moi début décembre — est Imamiah, un ange de lumière. J'ai toujours été cette femme qui cultive la lumière. Je veux être dans la lumière.

J'ai trouvé un livre violet rempli de formules magiques et j'ai commencé à pratiquer des rituels en espérant qu'ils exauceraient mes vœux. Je priais les anges de l'amour tous les matins, je brûlais de l'encens et une bougie rose — d'après les pratiques ésotériques, cette couleur représente l'amour ; je faisais mes premiers rituels pour retrouver l'homme de ma vie.

Je priais Anaël, ange de l'amour : « Je t'invoque ce soir pour trouver mon âme sœur, je t'offre ces pétales rouges assemblés en forme de cœur, en plaçant en leur milieu l'image de deux étoiles, signes du coup de foudre. » Après cette invocation, j'appliquais du parfum sur mes paumes de main tournées vers le ciel et je me rendais à mon rendez-vous en espérant que mon rituel fonctionne, qu'il m'apporte quelque chose de bénéfique.

J'ai récité ma formule de l'âme sœur pendant des mois, et rien que des acteurs à chaque fois.

Je prie le ciel quand je rencontre un homme. Je demande : « C'est lui ? » Il me répond : « Cherche au fond de ton cœur, son cœur saura te parler. » Je n'ai pas assez de sagesse pour écouter la réponse dans le silence alors j'en construis dans ma tête, je me dis : « C'est peut-être lui, l'homme que les cartes me promettent. »

* * *

Il m'est arrivé une histoire drôle : j'ai rencontré un homme grâce à ce rituel. J'avais rendez-vous avec Guillaume, ingénieur chez Airbus de trente-cinq ans aux yeux bleus. Pendant ce rendez-vous sympathique, j'ai été surprise de voir la prestance et l'assurance qu'il avait pour son âge. J'étais beaucoup plus jeune et je n'étais pas rassurée, je manquais de confiance en moi… Notre rendez-vous a pris fin, nous nous sommes dit au revoir et nous nous sommes revus quelques mois plus tard de façon amicale. Nous avons continué à nous voir quelque temps, jusqu'à ce qu'il parte travailler en Chine.

Quand je suis rentrée chez moi, déçue que cette rencontre ne puisse pas aboutir faute de maturité de ma part, mon ordinateur était toujours allumé et connecté sur le site de rencontre. J'ai appelé une amie pour lui raconter cette soirée. J'en profitais pour lui parler de l'homme de mes rêves sur le ton de la plaisanterie : un « Guillaume », ingénieur de trente-trois ans, cheveux noirs bouclés, yeux bleus… À ce moment-là, je reçois un message incroyable sur le site de rencontre : il provient d'un homme qui s'appelle Guillaume et qui répond à tous les critères que je viens d'énoncer à mon amie. Le destin m'a fait connaitre deux Guillaume.

Mon idylle de six mois avec Guillaume a permis de donner du repos à mon cœur. Il m'a offert un petit week-end en Espagne, a exaucé tous mes vœux : hôtel cinq étoiles, jacuzzi, restaurant, fruits de mer. Je ne profitais pas assez de l'instant présent.

Après Guillaume, personne n'arrivait à sa cheville. Les autres prenaient tout en moi, les petites attentions. Chaque histoire durait une ou deux semaines, pas plus. Le mal avait été consommé et c'en était fini.

* * *

Dans ma boutique ésotérique, j'ai demandé à la vendeuse quel jeu me conviendrait : il fallait que je prenne celui qui me parlerait... Parmi les cartes exposées, un ensemble m'a sauté aux yeux : « l'oracle de lumière ». Il était pour moi ! Les personnes hypersensibles captent les choses plus que d'autres. Je fais parfois des liens entre des éléments qui pourraient paraître totalement étrangers à tout un chacun : mon ange gardien, Imamiah, était un ange de lumière, je trouvais un oracle de lumière, je ne voyais plus le mal, le lien avec Dieu me semblait évident ! L'hypersensibilité est un don, mais les personnes qui le possèdent sont des proies idéales pour le Diable, qu'elles servent sans même le savoir…

Il faut bien savoir que j'ai acheté et jeté ces cartes plusieurs fois… Je savais au fond que j'allais contre la volonté de Dieu, mais je ne voulais rien savoir. Les témoins de Jéhovah venaient à la maison et me disaient que c'était néfaste… Au final, je n'ai rien écouté, j'ai fait ce que je voulais parce que je m'imaginais que ça me faisait du bien.

Mes prédictions étaient justes, rarement d'erreurs, tout le monde me voulait. J'avais même le projet d'ouvrir une boutique ésotérique.

Un jour, ma sœur Sakhayna m'appelle et me demande de lui tirer les cartes : elle veut savoir si elle trouvera une entreprise pour sa formation en alternance. Je fais le tirage en croix : 1. Stagnation ; 2. Voyage ; 3. Travail ; 4. Rapidité ; 5. Mariage.

« Sur le plan professionnel, tu es en stagnation, mais très prochainement, de façon très soudaine, tu trouveras une entreprise où il y a des avions. Pas forcément pour voyager, mais en lien avec les avions. Ton mariage en Guyane se passera bien, que du bonheur en perspective. »

Elle me rappelle trois jours plus tard, stupéfaite : « Tu ne devineras jamais, j'ai un entretien avec Air France, tu as un don c'est certain ! »

C'était ma première cliente, et ma première prédiction aussi claire. Peut-être parce que c'est ma sœur jumelle. J'en ai vraiment été étonnée !

La deuxième fois qu'elle m'a demandé de lui tirer les cartes, je lui ai dit : « Attention, tu vas perdre de l'argent. Je ne sais pas comment, mais ça va être très soudain, tu ne vas rien y comprendre. » Elle m'a répondu qu'elle ne voyait pas ce qu'il pouvait se passer, qu'elle n'avait pas de dettes, aucune dépense prévue… Le lendemain, elle m'appelle en larmes et me dit d'ouvrir mon cabinet de voyance : on venait de lui prendre cinq mille euros sur son compte ! Toutes ses économies ! C'était une saisie parce qu'elle s'était portée garante, alors qu'elle avait dix-huit ans, pour l'achat d'une voiture à son ami de l'époque. Ma mère n'avait évidemment jamais payé car la voiture ne fonctionnait pas, mais le vendeur sans scrupule avait saisi la justice : huit ans après, ma sœur avait oublié tout ça !

Je lui ai aussi prédit qu'elle tomberait enceinte, qu'elle ouvrirait son entreprise… Tout ce que je lui ai dit s'est toujours réalisé. Un jour, elle m'a demandé de lui tirer les cartes avant de participer à un concours de photos : « Tu vas rencontrer quelqu'un qui va tomber amoureux de toi et qui va te couvrir de cadeaux. » C'est exactement ce qui s'est passé…

J'ai également vu dans les cartes la mort du fiancé de ma meilleure amie. Nous avions prévu un voyage en Arménie, son pays natal, pendant les vacances d'été. La veille du départ, je tire les cartes et je n'en vois que des catastrophiques : accident, mort… Mon amie me rassure, me dit qu'il ne faut pas toujours se fier aux cartes, que tout va bien se passer. Effectivement, tout se déroule pour le mieux jusqu'à l'avant-veille de notre retour en France : le fiancé se suicide. Incompréhension... Nous partons en excursion avec mon amie, nous lui disons au revoir et nous apprenons dans la journée qu'il s'est suicidé. Pourtant, nous venions de passer une bonne soirée ensemble, dans sa famille.

Juste avant cet événement, un chat noir était passé devant moi et ça ne m'avait pas laissée insensible : je savais par les cartes que quelque chose arriverait.

Plus je tirais les cartes, plus je prenais de l'assurance. Je devenais madame Irma ! Mais en dedans, cette passion ne créait qu'un vide. Je priais sans grande conviction, j'avais changé de camp : je ne priais plus Dieu, mais Satan. C'est lui qui se servait de mon don, lui qui avait le pouvoir de me donner des facultés surnaturelles tant que c'était pour le servir.

La croyance en ces manifestations surnaturelles était une drogue, et le tirage des cartes une addiction dont j'ai eu du mal à me sortir et dont seul Jésus a pu me délivrer. Avec le recul, je suis même convaincue que cette pratique de la magie a contribué à installer durablement mes troubles : dépression, crises d'angoisse, manque de confiance, troubles de la personnalité n'auraient peut-être pas été aussi dévastateurs si j'avais pu et su me détourner plus tôt de ces pratiques néfastes.

Qu'on ne trouve chez vous personne qui pratique la divination, qui recherche les présages, consulte les augures ou s'adonne à la magie, qui jette des sorts, consulte les spirites et les devins ou interroge les morts. *Car le Seigneur a en abomination ceux qui se livrent à de telles pratiques.* (Deutéronome, 18 : 10-12)

L'occultisme, c'est jouer avec le feu. Jouer avec sa vie. À ce jeu, l'homme est — et sera toujours — perdant.

La plus belle des ruses du Diable est de vous persuader qu'il n'existe pas.
(Baudelaire, 1869, *Petits Poèmes en prose*)

* * *

J'ai depuis toujours fait des rêves prémonitoires, très détaillés. J'ai par exemple rêvé la mort de mon frère trois ans avant qu'elle ne se produise : il avait un accident devant la maison et il mourait. Je n'ai pas voulu y croire, je me suis persuadée que c'était un mauvais rêve. Il est pourtant décédé en 2014 d'un accident de la route...

Un an avant cette mort, Bruno, mon beau-père est venu voir ses filles et passer Noël avec nous, en métropole. Pendant son séjour, nous n'avons pas arrêté de faire du « macrellage », un terme créole pour dire que nous fouinions dans la vie des gens ! Mon jeu de cartes de lumière faisait sans cesse remonter la carte Mort. Nous ne comprenions pas, nous cherchions qui ça pouvait concerner, c'était totalement incompréhensible...

Quelques mois plus tard, mon beau-père m'a demandé de regarder dans les cartes si l'accouchement de ma sœur Khadydia, en Guyane, se déroulerait bien. « Je ne sais pas ce qui va arriver, mais je vois une naissance et une mort. » Je savais que l'événement était proche, mais pas plus : quand on tire les cartes, on ne peut pas tout savoir, ce n'est pas complètement fiable. Pour tirer les choses au clair, j'ai essayé de me tirer les cartes, mais les voyants ne peuvent pas voir pour eux-mêmes. En rangeant le jeu dans sa boite, une carte tombe : la Mort.

Après toutes ces alertes, j'étais angoissée, perturbée. J'ai très mal vécu cette période. Je vaquais à mes occupations, mais j'étais inquiète, j'essayais de ne plus y penser.

Deux semaines avant l'accident de mon frère, j'ai rêvé d'un choc frontal. Je me suis levée en catastrophe pour appeler ma mère, elle m'a dit de ne plus y penser.

J'ai vraiment été avertie et je n'ai rien fait. Il aurait fallu ne pas le laisser partir. Quelques jours avant qu'il meure, j'ai eu une vision et je n'ai rien dit, j'ai tout gardé pour moi. J'ai effacé ces visions trop angoissantes, je ne voulais pas y croire.

Quand on commence à raconter des choses avec les cartes, le risque est de se convaincre à un tel point qu'on provoque les choses. C'est la loi d'attraction : si on pense qu'on va rester pauvre toute sa vie, on va rester pauvre toute sa vie. Si on se dit qu'on est gagnant, on y arrive, c'est comme ça pour tout, donc je ne voulais pas laisser de place à ces choses-là. Pourtant, même si je pensais avoir des capacités sensorielles et extrasensorielles, je les réfutais, je ne voulais pas y croire.

* * *

J'ai arrêté de tirer les cartes parce que ça ne m'aidait pas à avancer. C'était l'année dernière. J'en avais marre : plus je tirais les cartes, plus je me sentais mal, ça me vidait de mon énergie. J'ai mis du temps à me décider, car quand on commence les cartes, on dit certes la vérité, mais on a des liens sataniques très forts qui nous empêchent de voir les choses clairement. J'essayais de me rapprocher de Dieu, mais les cartes me tiraient de l'autre côté.

Avant de trouver la force d'arrêter, je me souviens avoir dit à Dieu, dans un dialogue intérieur, que je serais plus rusée que Satan. Il m'a répondu : « Mon enfant, ne joue pas avec le Diable, tu vas te perdre. » Moi, pleine de confiance, je lui répondais : « Seigneur, je t'aime, tu es mon tout, tu es le Tout-Puissant je ne crains rien. »

À force de tirer les cartes, je puisais en moi. Alternant entre pensées positives et résignation, je me raccrochais à la loi d'attraction, liée à la bioénergie et bien loin à mon avis de mes croyances chrétiennes. Je me forçais à être vigilante sur la nature de mes pensées : en restant positive, je finirais par arriver à faire ces choses dont j'avais envie. À d'autres moments, je me disais que je ne trouverais jamais assez de force en moi pour me sortir de ce bourbier.

J'avais honte de prier, je ne me sentais plus digne de Dieu, je m'étais laissée séduire par la facilité des cartes. Pendant un an, j'ai écouté trois chansons, elles priaient à ma place : « I give myself away »[11], « Break every chains »[12], « I look to you »[13]. Je les écoutais tout le temps, en tirant les cartes, au lit, sans relâche, en boucle dans mon ordinateur. C'est seulement en les écoutant que je ressentais Dieu, j'avais trop honte pour m'adresser directement à lui. J'avais aussi téléchargé sur mon portable une application de Topchrétien et les vidéos de Joyce Meyer, qui m'ont aidée à retrouver le chemin.

Un jour, j'ai voulu retourner pour de bon vers Dieu. Un monsieur qui me parlait de la Bible m'a dit d'arrêter les cartes, je lui ai répondu que je n'y arrivais pas même si je savais qu'il avait raison. Il m'a dit : « Si tu savais, Soukhayna, à quel point Dieu t'a choisie pour sauver ta famille. » Comme si Dieu s'était servi de lui pour me transmettre un message. Je ne comprenais pas ce qu'il me disait, mais ça ne m'a pas laissée insensible, d'autant que Dieu m'avait déjà parlé de la sorte.

---

[11] « Je me livre totalement à toi », chanson de William McDowell, dans l'album *As we worship live* (2009).
[12] « Brise toutes mes chaînes », chanson de Tasha Cobbs, dans l'album *Grace* (2013).
[13] « Je te regarde », chanson de Whitney Houston, dans l'album *I look to you* (2009).

J'ai jeté mes cartes une fois pour toutes et ma vie avec Dieu a réellement commencé.

J'aime ceux qui m'aiment, Et ceux qui me cherchent me trouvent. (Proverbes, 8 : 17)

L'amour

J'ai besoin d'amour pour exister. J'aime les amoureux, j'aime voir leur tendresse dans le métro ou dans la rue. Je rêve d'être ces autres qui s'aiment et de pouvoir dire à ma rose rouge : « Heureuse d'avoir touché ton cœur en ayant puisé dans le mien, j'ai assez d'amour et de mots pour t'en faire cadeau. »

Maintenant, fermez les yeux et ouvrez votre cœur.

Lorsque tu aimes, que ce soit de tout ton cœur, ne crains jamais de montrer ton amour. Que ton amour soit comme un livre ouvert que toutes les âmes puissent lire. C'est la chose la plus merveilleuse au monde, alors laisse cet amour divin au-dedans de toi couler librement. L'amour n'est pas aveugle, mais il voit le meilleur chez l'être aimé, et ainsi il fait émerger le meilleur. Ne choisis jamais qui tu vas aimer. Garde simplement ton cœur ouvert et fais couler sans cesse l'amour de la même manière vers toutes les âmes. Faire ainsi est aimer de Mon amour divin. Il est comme le soleil et brille sur tous sans distinction. L'amour ne devrait jamais être ouvert ou fermé comme un robinet. L'amour n'est jamais exclusif, jamais possessif. Plus tu es désireux de le partager, plus il devient grand. Retiens-le et tu le perdras. Laisse-le aller, et il te revient multiplié par mille et devient une joie et une bénédiction pour tous ceux qui le partagent.

Eleen Caddy, 1989, *La petite voix*

Rien n'est plus merveilleux que d'aimer. L'amour véritable donne un sens à la vie, rien ne peut le remplacer. Il change le regard que l'on pose sur soi et sur les autres. L'amour exalte la puissance intérieure de chacun, il développe l'estime de soi, il donne le courage, la volonté, il nous donne l'envie de nous dépasser. L'amour rend généreux. L'amour aime tout simplement et moi quand j'aime, je vais mieux.

Parfois l'amour dure, et parfois il est dur et blessant. Il faut du temps pour apprendre à aimer, pour accepter confusions et trahisons. On n'oublie jamais rien, on vit avec.

L'amour construit. L'amour détruit. J'avais seize ans quand j'ai rencontré Marc, je l'ai aimé à en perdre la raison.

L'histoire était si belle. Pourquoi en sommes-nous arrivés là ? Je ne sais pas, je ne sais plus. À cause de lui, à cause de moi, à cause de nous, de la maladie ? Peut-être que nous avons cherché des excuses. Il guidait mes pas et j'avais accepté de le suivre. Il était l'homme de ma vie. À part son amour, rien d'autre ne comptait pour moi.

Nous n'avions pas besoin de nous parler pour nous comprendre. Je ne lui trouvais aucun défaut et une plus grande qualité, la patience. Il m'a attendue pendant huit ans. Même si j'ai longtemps regretté qu'il m'ait quittée, je rends hommage à cela !

Des phrases, extraites de-ci de-là, m'ont portée. En voici quelques-unes :

Tous nous sommes à la recherche de cette personne unique qui nous apportera ce qui manque dans nos vies, et si on ne parvient pas à la trouver on prie que ce soit lui qui nous trouve. (Extrait de la série *Desperate Housewives*)

Je voudrais tant que tu te souviennes des jours heureux où nous étions amis ; en ce temps-là la vie était plus belle et le soleil plus brûlant qu'aujourd'hui. (Jacques Prévert)

Mieux vaut partager une douce flamme qui réchauffe nos cœurs, qu'un incendie ravageur et destructeur que nos larmes ne suffiraient pas à éteindre et qui risquerait de mettre nos cœurs en cendre. (Soukhayna Caristan)

Je préfère vivre un amour imparfait qu'un amour impossible. (Marc)

La magie du baiser
Quand le cœur est à l'épreuve
L'espoir de l'amour le comble.
La vie n'attend pas, elle avance, elle passe
En laissant des blessures.
Je veux juste un baiser pour cicatriser.

Le baiser de minuit
Le baiser qui te fait croire
Qui te donne la certitude
Que l'amour existe encore.
Le baiser magique
De minuit
Qui te permet de tout recommencer à zéro.

Soukhayna Caristan

Espoir d'amour

M'inviteras-tu un jour
À boire un thé chez toi ?
M'inviteras-tu un soir
À te prendre dans mes bras ?
M'inviteras-tu une nuit
À dormir contre toi ?
PAIX SHALOM SALAM

Stéphane Amari

Doutez

Et si notre vie terrestre n'était qu'un rêve ?
Et si nos rêves étaient la réalité ?
Et si la réalité c'était l'amour ?
Réveille-toi camarade !
Souviens-toi !
Retrouve ton âme !
Retrouve l'amour !
PAIX SHALOM SALAM

Stéphane Amari

* * *

Je parle encore et encore d'un amour véritable, mais si je vous parlais d'un amour inconditionnel : l'amour universel, celui de Dieu, celui qui fait renaître le sourire et qui comble le cœur. Sans Lui, on n'est rien. On a besoin d'éternité. Dieu nous invite à aimer, même si c'est une épreuve.

Et nous, nous avons connu l'amour que Dieu a pour nous, et nous y avons cru. Dieu est amour ; et celui qui demeure dans l'amour demeure en Dieu, et Dieu demeure en lui. (1 Jean 4 : 16)

J'ai trouvé en Lui un amour éternel et infini. Je suis son temple, il est mon Allié.

Pour moi, l'évangile n'est pas une religion, mais une relation, une communion avec Dieu. Je suis comme un vase d'argile façonné au fil du temps à Son image. Dieu seul sait en qui Il a mis sa lumière et pour quelle raison. Sa parole vivifie l'esprit.

Il y a deux ans, en 2015, Il s'est adressé à moi et m'a parlé de l'intérieur. Pour m'aider à guérir, Il m'a soufflé ma raison d'être, mais j'ai d'abord refusé cette mission. Trop importante, trop lourde pour moi, elle concernait ma famille. Il m'a répondu : « Tu réussiras, je t'ai déjà donné les armes. »

J'ai chanté « Humana » et j'ai eu mon accident un ou deux jours après... Les paroles de Lara Fabian — « *Partir avec les tiens / Entreprendre un voyage* » — me parlent beaucoup : c'est comme si mon accident m'avait fait mourir, mais que Dieu m'avait renvoyée sur Terre pour accomplir ma mission.

Je sens que ma raison d'être est de réunir ma famille, de réunir l'amour, mais je ne me sens pas toujours à la hauteur. Un jour dans ma chambre, encore nue tout juste sortie de la douche, je me suis agenouillée pour prier. J'étais tellement désespérée que j'ai demandé, en larmes : « Seigneur, si je dois prendre tout le malheur du monde pour que tu me remplisses de ton amour, je l'accepte. » Je voulais qu'Il se manifeste, rien ne s'est passé...

Quelques jours plus tard, j'étais toujours en plein désarroi, pleurant le ciel de me répondre, de me faire signe... Célibataire depuis trop longtemps, je criais ma peine. « Quand Seigneur ? Quand ? J'ai tellement foi en Toi, je te rends grâce ! » En larmes, j'ai continué à prier, genoux douloureux sur le sol froid, mains au ciel, yeux fermés. Quand je les ai ouverts, un spectacle extraordinaire s'offrait à moi, je voyais des petites billes brillantes flotter devant moi, et une voix intérieure m'a dit : « Mon enfant, j'ai entendu ta prière. »

Si la Création te suit, je te suivrai. Tu me donnes ta paix chaque jour, alors je te donne mon cœur pour l'Éternité.

Lors de ma dernière hospitalisation à la Clinique du Château de Seysses, en 2016, j'avais remarqué une église sur le trottoir d'en face. J'allais régulièrement y déposer un cierge pour chaque membre de ma famille et prier Marie pour qu'elle intercède en ma faveur. Un jour, alors que je venais de m'assoupir après y avoir prié, une voix audible et intérieure en même temps m'a réveillée. Elle me disait : « Pourquoi vas-tu prier Marie alors que tu peux tout me demander ? » Suite à cet épisode, je n'ai plus posé de cierge devant Marie ou les Saints : j'allais directement devant la croix. J'ai fini
par me détourner de l'Église catholique pour fréquenter une église évangélique.

Vous ne vous ferez point d'idoles, vous ne vous élèverez ni image taillée ni statue, et vous ne placerez dans votre pays aucune pierre ornée de figures, pour vous prosterner devant elle ; car je suis l'Éternel, votre Dieu. (Lévitique 26 : 1)

Maintenant, je sais qui je suis et où je vais. Je ne retournerai plus en hôpital psychiatrique.

Ma sœur, mon réconfort

« Nous façonnons notre vie. Le passé, c'est le passé. Nul besoin de regarder en arrière. Il faut continuer à avancer. Vivre à reculons retarde notre évolution ». C'est ainsi que ma sœur me parle pour me remonter le moral. Les événements sont ce qu'ils sont. Elle me donne le courage et la force d'avancer. Je remercie le ciel de m'avoir donné une sœur jumelle aussi présente dans les moments les plus durs de mon existence.

Elle ne m'a jamais laissé tomber. Et j'ai fait de mon mieux pour l'épauler quand elle en avait besoin.

Elle me fait du bien et je ne l'ai pas toujours écoutée, car j'ai voulu prendre mes propres décisions. Des fois, je pense que je m'en serais mieux sortie si j'avais plus souvent suivi ses conseils.

Il y a un an, elle a repris avec son mari la présidence d'une entreprise d'événementiel qui résulte d'un projet familial. Elle n'y croyait pas, je lui avais prédit qu'elle y arriverait… Sa force et sa détermination lui permettent aujourd'hui de réussir sur tous les plans.

Quand je vois la vie de Sak, je me rends bien compte que je suis loin d'elle. Loin de son confort de vie, de ses études, de ses préoccupations.

Ma sœur était mon essentiel, elle m'a toujours soutenue. Avant, nous restions cinq heures au téléphone quand j'étais à cinq heures de train d'elle.

* * *

Je me souviens de ce jour épouvantable de 2014 où j'ai appris le décès de mon frère Kharim. C'était la veille du baptême de sa fille, il avait tout préparé avec son meilleur ami, mon beau-frère. Cinq jours plus tard, il devait venir s'installer à Toulouse avec mes autres frères et sœurs.

Ce jour-là, j'étais chez ma thérapeute, qui avait voulu rencontrer ma sœur. Nous avions été ensemble au rendez-vous, tout s'était bien passé. En sortant du cabinet dans le centre de Toulouse, nous voulions aller boire un verre. C'est là que mon beau-père m'a appelée. Il m'a demandé de me mettre dans un endroit au calme, il avait quelque chose de très dur à me dire… Et j'ai commencé à fondre en larmes avant même qu'il m'annonce le drame. « Ton frère a eu un accident, on vient de nous l'annoncer, on ne sait pas s'il est mort ou pas. » J'ai commencé à crier, Sakhayna m'a arraché le téléphone des mains et elle a encaissé le coup, comme si Bruno n'avait rien dit. « Viens, on va aller boire un verre. C'est ce qu'on avait prévu de faire, donc on va boire un verre et on va gérer. » Et nous sommes allées nous asseoir. Je ne faisais que pleurer. J'ai appelé ma copine arménienne qui avait perdu son fiancé juste un an plus tôt. Elle est venue tout de suite pour me réconforter. Nous avions justement prévu de passer nos vacances ensemble, tout était déjà planifié et payé pour partir au Maroc.

Nous avons tout de suite acheté notre billet d'avion pour nous rendre au chevet de notre frère. C'était atroce de le voir inanimé. On ne se connaissait pas beaucoup, j'attendais qu'il vienne à Toulouse, qu'on puisse à nouveau se fréquenter et avoir une vie de famille. Je ne regrette qu'une chose avec lui : ne pas l'avoir assez connu. J'ai quitté très tôt le domicile familial. J'avais seize ans quand je suis partie avec Marc et ma sœur. Nous sommes parties et jamais revenues dans la famille.

Ma famille

Je suis une petite fille qui a besoin d'amour pour avancer. Je prie le ciel pour qu'il me fasse grandir. Ma générosité est ma façon de dire que je donne tout pour m'oublier. J'ai peur de décevoir.

En plus de ma bipolarité, je souffre d'un trouble psychoaffectif[14] qui fait que je suis perpétuellement en quête d'affection, d'amour. J'en ai cherché chez ma mère, elle m'en a donné un peu, mais elle n'avait pas le temps. Je n'ai jamais vraiment vécu avec elle. C'est plutôt mon beau-père qui s'est occupé de moi. J'ai vécu quelque temps en Guyane, mais j'en suis partie rapidement à cause de mes problèmes de santé. À seize ans, j'ai été séparée de ma cellule familiale, ne revenant qu'une ou deux fois par an. Je me précipitais vers ma mère, tout le temps, pour lui offrir des parfums. Elle comptait beaucoup pour moi, je l'appelais tout le temps... Comme je le fais maintenant avec mon père.

J'ai mis beaucoup de temps à aimer mon père ; j'étais sa fille qui ne marchait pas droit ; j'étais sa seule fille, celle qu'il aimait le plus — c'est ce que je ressentais, ce que j'espérais, je lui écrivais des lettres d'amour. Et aujourd'hui, j'apprends que mon père a

---

[14] Perturbation émotionnelle liée au manque.

d'autres enfants, que j'ai un petit frère, « Christian le chouchou » me dit-il.

Mon père est très généreux, le cœur sur la main, et je suis comme lui. Il était très riche, mais certaines personnes ont trahi sa confiance : son courtier en banque lui a volé 600 000 euros, presque toute sa richesse, son comptable a mal fait son travail et il se retrouve à devoir payer le double d'impôts… Il paie pour un salaire qu'il n'a jamais eu. Il est encore médecin mais il va perdre son travail, il ne pourra pas faire face. Mon père est généreux, mais aussi naïf : il a avancé de l'argent à tous ceux qui lui en demandaient, et n'en a jamais revu la couleur. Et puis il a fait des enfants et des enfants, je ne sais pas combien…

Pendant longtemps, mon père a vécu avec Suzy, que j'appelais « Princesse Voodoo ». Elle avait un père gourou, je n'invente rien. Cette femme était diabolique. Un jour, avant de dormir, j'ai demandé à Dieu comment faire pour aider mon père. Il m'a été révélé en rêve que je devais aller prier dans sa chambre. Dix ans plus tard, présente en Guyane pour le mariage de Sakhayna, je me suis souvenue de mon rêve en trouvant une Bible posée sur le bureau de ma demi-sœur (fille de mon père et de Suzy). Au moment où je finissais de réciter le psaume 91, une amie de ma sœur m'a appelée : elle venait de trouver par hasard, au fond d'un placard, une poupée sur laquelle était inscrit le prénom de mon père, Christian. Il était victime de sorcellerie ! Qu'on veuille y croire ou non, elle existe. Ma mère a brûlé la poupée ; un an après, elle a perdu son fils…

J'ai tellement prié pour mon père, pour qu'il trouve son âme sœur, la femme qui l'aiderait sans se soucier de son argent. Il n'y croyait pas, il pensait avoir trop de problèmes. Je lui ai dit de donner sa chance à Christine. Christian et Christine se portent, s'entraident depuis maintenant trois ans.

* * *

Mon père est fort. Pour devenir médecin, il a été un étudiant assidu, décidé à mener ses études à terme envers et contre tous : étudiant noir en métropole, il a connu le racisme, les remarques blessantes… Plus on lui disait qu'il n'y arriverait pas, plus il s'accrochait. Le doute, le mépris des autres à son égard piquaient son orgueil et lui donnaient de la force.
Je me retrouve un peu dans ce qu'il a vécu : les gens ont beaucoup critiqué de choses en moi et très peu donné. Pendant longtemps cependant, je me suis laissé abattre par ces remarques. Maintenant, la donne a changé, je sais que je suis une gagnante, une battante. Ce n'est pas de la prétention, j'en suis juste convaincue : Dieu est là pour moi.

> *Je connais les projets que j'ai conçus en votre faveur, déclare l'Éternel : ce sont des projets de paix et non de malheur, afin de vous assurer un avenir plein d'espérance.* (Jérémie 29.11)

* * *

Aujourd'hui, mes problèmes de santé s'entêtent à gâcher mon existence, mais je lutte. Toute la force d'esprit acquise ces dernières années fait de moi une femme ambitieuse, pleine de projets professionnels notamment : je veux avant tout aider ceux qui, comme moi, ont traversé des tempêtes. Ces projets me donnent la force d'Être.

Je vis ma vie passionnément, avec un cœur pur et des yeux d'enfants. Tout comme un papillon, j'ai été actrice de ma propre métamorphose. La force et le courage mènent à la confiance, la joie et surtout à la « paix intérieure », signification de mon prénom « Soukhayna ».

À Noël 2015, j'ai fait à ma famille un petit cadeau du cœur, un message faisant ressortir le meilleur de chacun. Noël 2015 sans Kharim, mon petit frère, qui nous avait quittés l'année d'avant, victime d'un accident de la route. Un an après sa mort, plus rien n'était pareil...

> *Je vous aime et vous remercie tous. Je t'aime mon prochain.*
>
> ***Khady***, *ma petite sœur merci pour cette petite Nounette, Karo remet de l'espoir dans notre famille. Tu es une belle jeune femme.*
> ***Kassi***, *ma chérie, tu es la dernière de notre fratrie et déjà une jeune femme magnifique, pleine*

d'assurance, combattive et déterminée. Je suis fière de toi. Suis ton chemin, ta route. Je ne te souhaite que le meilleur pour la suite et de mener tes projets à bien.

Kesso*, je te remercie de nous avoir donné un bout de chou Kinou, c'est un rayon de soleil. Prends encore plus soin de lui. Tu as toute la vie devant toi. Tu es belle et ambitieuse, je te souhaite d'être heureuse en amour.*

Sak*, j'ai beaucoup de chance de t'avoir comme sœur jumelle. Tu as énormément de force en toi, n'en doute pas. Merci pour tous les efforts que tu as faits pour moi, pour tes conseils précieux. Merci pour ton écoute et ta disponibilité. Je t'aime ma sœur.*

Bruno*, un petit mot pour te dire combien tu es important pour moi, tu as beaucoup de puissance en toi. Merci de protéger ta famille et d'être là pour moi. Je t'aime Bruno.*

Katoucha*, ma grande sœur, avec ton don pour le dessin et la décoration, tu as su me conseiller dans mes projets. Tu es ma petite source d'inspiration, je t'embrasse avec beaucoup d'amour, toi et les enfants.*

Franck*, mon grand frère que j'adore, pour toi non plus la vie n'a pas été clémente. Je suis heureuse que, malgré tout, des sourires continuent à se former sur ton visage et que le passé ne gâche pas ton présent.*

Je te souhaite le meilleur pour la suite, je t'aime avec un grand cœur.

*À toi **Maman**, essentielle et précieuse à mes yeux, je te remercie d'avoir fait de moi la femme que je suis. Merci également d'être restée à mes côtés.*

L'espérance

La vie n'a pas été clémente avec moi : un accident qui m'a vraiment fragilisée, une rupture qui m'a démolie, une bipolarité diagnostiquée à seize ans qui me gâche la vie, la mort de mon frère… Je vis des choses douloureuses et mon trouble psychoaffectif et mon hypersensibilité rendent les choses impossibles : j'encaisse plus que les autres, car je ressens tout à la puissance mille. Tout est plus fort, mes peurs, mes joies, mais je considère maintenant que c'est un don de Dieu.

Je ne me plains pas de ma vie. Comparée à d'autres, je suis même très chanceuse. Je n'ai jamais été à la rue, je n'ai jamais manqué de nourriture. Même si ma situation n'est pas très bonne, j'ai eu la chance d'avoir un père médecin qui avait les moyens de m'aider.

La tristesse et la douleur ont tiré leur révérence et laissé place à la joie. La mélancolie du cœur, douce et triste en même temps, danse sur un air de saxo. Déprime, tristesse et espoir, ses prétendants de l'instant, valsent avec le cœur.

Mon cœur a choisi l'espoir. Ma confiance en Dieu me rend pleine de créativité.

Je suis SOUKHAYNA, « la paix profonde »
Ô toi belle jeune princesse SOUKHAYNA.
Avec ton amour ta sérénité et sincérité
Tu transformes l'ombre en une histoire de courage et de lumière
Merci pour qui je suis.
Je m'engage à cultiver la lumière !

Je prie pour la grâce Dieu et Sa volonté.

Il est mon jardin.

Il est mon papillon au cœur.

Remerciements

Je souhaite remercier Frédérique R., ancienne employée chez « Dis-nous ». Elle m'a toujours encouragée à persévérer dans mon projet d'écriture.

Merci à mes amis Virginie, Lianna, Stéphanie, Ronan, Amza, Stéphane Amari, Guillaume A., et Anthony pour leur soutien.

Je veux également remercier mes soignants, les infirmiers de Beaupuy, le docteur G. et plus particulièrement le docteur B. qui m'a suivie pendant huit ans. Elle a cru en mes capacités à poursuivre mon chemin.

Un grand merci à Virginie Duclos pour notre duo dans l'écriture de ce livre, à Sylvie Piriou, coach de vie qui a jeté les premières bases de mon projet et à Manuel Biabiany, mon très professionnel photographe.

Merci à mon père, le docteur Christian Cérol, d'être toujours disponible malgré une vie qui lui laisse peu de temps pour respirer.

À ma mère qui compte beaucoup pour moi, que je respecte et que j'embrasse.

À mon frère Franck à qui on me compare souvent à cause de son handicap.

À mes neveux et nièces Ines, Karo, Kinou, Kheyssee, Keenaî, Kyle, Kaory et Kara pour leur joie d'enfant.

Un grand merci à ma grand-tante Léone Michotte-Cérol et à mes grands-mères Nelly Cérol et Claire Caristan, ancienne présidente de l'Adapei en Guyane et qui m'a accompagnée dans mes démarches administratives et bien plus encore.

Mon plus grand merci va à Dieu qui m'encourage et qui vit en moi…

Table

Mon livre 7

Avant l'accident 9

L'accident 13

L'après accident 18

Marc 25

Ma faute 29

Ma « maladie divine » 39

I'd rather go blind, than to see you walk away from me 45

La solitude 53

La magie blanche 59

L'amour 71

Ma soeur, mon réconfort 79

Ma famille 83

L'espérance 89

Remerciements 91

Ce livre a été réalisé
en collaboration avec Virginie Duclos,
écrivain public biographe à Toulouse

transcrire.31@gmail.com
https://transcrire.webnode.fr/

transcrire

Edition : Books on Demand,
12/14 rond-Point des Champs-Elysées, 75008 Paris
Impression : BoD - Books on Demand, Norderstedt, Allemagne
Dépôt légal : mars 2021